BEI GRIN MACHT SICH IHR WISSEN BEZAHLT

AF167148

- Wir veröffentlichen Ihre Hausarbeit,
  Bachelor- und Masterarbeit

- Ihr eigenes eBook und Buch -
  weltweit in allen wichtigen Shops

- Verdienen Sie an jedem Verkauf

Jetzt bei www.GRIN.com hochladen
und kostenlos publizieren

Erstellung von Tutorials. Einsatzgebiete und Tools

Marco Deyerling

Bibliografische Information der Deutschen Nationalbibliothek:

Die Deutsche Nationalbibliothek verzeichnet diese Publikation in der Deutschen Nationalbibliografie; detaillierte bibliografische Daten sind im Internet über http://dnb.d-nb.de abrufbar.

ISBN: 9783346442246
Dieses Buch ist auch als E-Book erhältlich.

Druck und Bindung: Books on Demand GmbH, Norderstedt Germany
Gedruckt auf säurefreiem Papier aus verantwortungsvollen Quellen

Das vorliegende Werk wurde sorgfältig erarbeitet. Dennoch übernehmen Autoren und Verlag für die Richtigkeit von Angaben, Hinweisen, Links und Ratschlägen sowie eventuelle Druckfehler keine Haftung.

Das Buch bei GRIN: https://www.grin.com/document/1060226

Erstellung von Tutorials – Einsatzgebiete und Tools

Seminar Software Engineering

Studiengang Wirtschaftsinformatik (B. Sc.)

Eingereicht von Marco Deyerling

am 05.06.17

Inhaltsverzeichnis

I. Abbildungsverzeichnis

1. Einleitung

Ob Krawatte binden, Programmieren oder das Gitarrenspielen erlernen – alle diese drei Dinge haben eines gemeinsam: Es sind Kenntnisse, die man sich ohne fremde Hilfe nur schwer aneignen kann. Um diesbezüglich Abhilfe zu schaffen, könnte man klassischerweise ein Handbuch oder Literatur zur Hand nehmen, in der beschrieben ist, wie man richtig programmiert oder man verschiedene Krawattenknoten bindet. Alternativ bestünde die Möglichkeit, ein Seminar zu besuchen oder sich Übungsstunden bei einem Gitarrenlehrer zu nehmen. Viele Menschen scheuen jedoch diesen Aufwand, weil sie zu wenig Zeit haben, ihnen eine Erläuterung in Schriftform zu komplex ist oder sie schlicht und ergreifend das Geld für Bücher oder teure Seminare sparen möchten. Aus diesem Grund erfreut sich im Zeitalter des Internets ein wichtiges Instrument zunehmender Bedeutung – Tutorials.

Für nahezu jedes Problem des alltäglichen Lebens gibt es heutzutage ein Videotutorial. Aber nicht nur im Alltag ist der Einsatz von kurzen Erklärvideos auf dem Vormarsch. Innerhalb der letzten Jahre hat sich auch im Bereich der IT Einiges verändert. So haben nicht nur neue Hard- und Softwarekomponenten Einzug ins Geschäftsleben erhalten. Vielmehr hat sich unser kompletter privater Alltag durch die Entwicklung neuer technischer Möglichkeiten, wie beispielsweise Smartphones, Tablets, Hard- und Software grundlegend verändert. Neue Technologien und digitale Services wie Cloud-Speicher, mobiles Internet oder Apps zur Gestaltung und Optimierung von Alltagsabläufen erleichtern unser tägliches Leben.

Trotz all dieser Erleichterungen ist es manchmal nicht immer einfach, innerhalb der Vielfalt der angebotenen Soft- und Hardwarealternativen, Bedienungsfunktionen und Veränderungen den Überblick zu behalten und somit das richtige Produkt, die optimale Einstellung oder eine zielführende Bedienung einer Software zur Lösung des bestehenden Problems zu finden. Dies hat zur Folge, dass auch im Bereich der IT Tutorials als Anleitung oder zur Erklärung komplexer Sachverhalte bzw. der zielführenden Bedienung von Soft- und Hardware kurz, prägnant und anschaulich erklärt werden können.

Innerhalb dieser Seminararbeit möchte ich in erster Linie auf den Einsatz von Tutorials im Bereich der IT eingehen. Dabei werde ich neben der thematischen Eingliederung auf die technischen Anforderungen eingehen und verschiedene Tools zur Erstellung von Tutorials voneinander abgrenzen und dadurch die Vor- und Nachteile herausarbeiten. Ein abschließendes Fazit soll einen Ausblick über die weiteren Einsatzmöglichkeiten von Tutorials geben.

2. Inhaltliche Eingliederung von Tutorials

Vor dem fachlichen Einstieg gilt es im Vorfeld zunächst zu klären, was genau unter dem Begriff „Tutorial" zu verstehen ist, wo sich dieser inhaltlich verorten lässt und welche verschiedenen Ausprägungen von Tutorials es gibt.

Dem eigentlichen Wortsinn nach, leitet sich der Begriff „Tutor" ursprünglich aus dem römischen Recht ab und bedeutet „Erzieher" oder „Vormund". Im weiteren Verlauf entwickelte sich der Begriff im akademischen Sprachgebrauch zu einer Bezeichnung für eine Person, die Studenten betreut oder Tutorien, also zur Vorlesung ergänzende Seminare oder Übungen, an einer Hochschule abhält (Wermke/Kunkel-Razum/Scholze-Stubenrecht 2006, S. 1030). Wenn man sich dem Thema gezielt aus der Perspektive der Informationstechnik nähert, lässt sich feststellen, dass Tutorials eine Form der Dokumentation für die Endbenutzer eines Softwaresystems darstellen, in der im Sinne einer Einführung die wichtigsten Systemfunktionen erläutert werden (Springer Gabler Verlag o. J., http://wirtschaftslexikon.gabler.de/Archiv/77336/tutorial-v8.html).

Eine Dokumentation kann ganz allgemein auf unterschiedliche Weise erfolgen. Es besteht beispielsweise die Möglichkeit diese schriftlich innerhalb aller Phasen des Software Engineerings in Form eines Pflichtenhefts, eines Funktionsmodells, eines Datenmodells, einer Spezifikation, o.ä. zu erstellen (Springer Gabler Verlag o. J., http://wirtschaftslexikon.gabler.de/Archiv/75180/dokumentation-v9.html). Alternativ könnte eine Onlinedokumentation erstellt werden, die der Anwender unmittelbar bei seiner Arbeit am Bildschirm abrufen kann. Dies könnte beispielsweise in Form von Hilfebildschirmen realisiert werden (Springer Gabler Verlag o. J., http://wirtschaftslexikon.gabler.de/Archiv/75944/onlinedokumentation-v11.html).

Mit den beiden genannten Möglichkeiten lassen sich wichtige Informationen im Softwareerstellungsprozess sehr ausführlich in Textform dokumentieren. Ein großer Nachteil dabei ist, dass im Zuge dieses Prozesses eine textlich sehr umfangreiche Dokumentation entstehen kann und es für den Benutzer während der Benutzung zunehmend schwierig wird, schnell und einfach relevante Hinweise und Hilfestellungen in der Dokumentation eines Programmes zu finden. Darüber hinaus ist es für den Ersteller der Dokumentation nicht immer einfach, komplexe Sachverhalte für einen Außenstehenden verständlich in Textform zu erklären. Um diesen Nachteilen entgegenzuwirken, bedient man sich gerade im Bereich der IT zunehmend der Hilfe von Tutorials. Charakteristisch für ein Tutorial ist, dass die Dokumentation deutlich interaktiver und zielgerichteter erfolgt als in Textform und den Endbenutzer stärker mit einbezieht und dadurch einen stärkeren Lerneffekt erzeugt. Tutorials gibt es in zwei größeren Ausprägungen:

- Interaktives Softwareprogramm als Lerntool: Der Benutzer erhält die Möglichkeit, neue Fähigkeiten oder die Bedienung von Programmen mithilfe einer interaktiv geführten Schritt-für-Schritt-Anleitung zu erlernen. Dabei wird zunächst mit dem Anwenden elementarer Grundfertigkeiten begonnen. Im weiteren Verlauf werden aufbauend auf den zuvor erlernten Fähigkeiten weitere Funktionen und Zusammenhänge erklärt. Der Umfang und Detailgrad dieser interaktiven Softwareprogramme kann dabei variieren. (Techterms o. J., https://techterms.com/definition/tutorial)

Ein Tutorial mithilfe eines interaktiven Softwareprogramms kann beispielsweise als so genanntes Web Based oder Computer Based Training (WBT/CBT) erfolgen. Dabei wird der Benutzer anhand einer grafisch dargestellten Benutzeroberfläche und verschiedener Schritte mithilfe von Hyperlinks, Präsentationen, Videos, in Sprach- oder Textform durch den Lernprozess navigiert. Die Überprüfung des Erlernten kann durch die selbständige Durchführung der erlernten Schritte oder durch die Beantwortung von Fragen erfolgen (BusinessDictionary o. J., http://www.businessdictionary.com/definition/tutorial.html).

- Erklärvideos (Videotutorials): Mithilfe von selbst produzierten kurzen Videos werden Funktionen oder Informationszusammenhänge erklärt. Der Aufbau der Videos ist häufig so gestaltet, dass es zum Mit- bzw. Nachmachen animiert. Das bedeutet im Bereich der IT beispielsweise ganz konkret, dass im Video die Bedienung eines Programmes vorgeführt und daneben die Vorgänge verbal oder schriftlich erklärt werden, so dass der Nutzer diese Schritte einfach nachvollziehen und nachahmen kann. Man kann dabei zwischen relativ einfach gestalteten Amateurvideos und technisch und didaktisch professionell aufbereiteten Videos unterscheiden. Häufig lassen sich diese Tutorials in öffentlich zugänglichen Videoportalen finden oder aber in speziellen Fällen auch in abgeschirmten Nutzerbereichen eines Softwareherstellers als Value Added Service finden (Wolf 2015, S. 30 – 36).

- Live-Tutorials: Im Gegensatz zu den zuvor genannten Videotutorials, besteht ebenfalls die Möglichkeit, Themen mithilfe eines Experten einem Benutzer oder einer Benutzergruppe live zu präsentieren. Der Vorteil dabei ist, dass die Zuhörer interaktiv eingreifen und beispielsweise Fragen stellen können, was bei einem Video nicht bzw. nur bedingt in Form eines Chats zwischen Nutzern und Ersteller im Rahmen der Kommentarfunktion des Videos möglich ist. Live-Tutorials können mit professioneller Software wie Adobe Connect aber auch mit frei zugänglichen Tools wie Skype oder Google Hangouts durchgeführt werden.

3. Tutorials in der Praxis

Im folgenden Abschnitt geht es darum, wie Tutorials in unserem Alltag, speziell in der IT, integriert sind, von welchem Personenkreis diese genutzt bzw. erstellt werden, in welchem Bereich diese sinnvoll eingesetzt werden können und welche Vor- und Nachteile Tutorials gegenüber herkömmlichen Dokumentationsformen und Erklärungshilfen haben. Dabei möchte ich im Folgenden speziell den Fokus auf Videotutorials richten.

3.1. Ersteller und Benutzer von Videotutorials

Grundsätzlich erfreuen sich Tutorials im Zeitalter der fortschreitenden Digitalisierung einer zunehmenden Beliebtheit. So hat sich laut einer Bitkom-Studie aus dem Jahr 2015 bereits mehr als jeder dritte Deutsche schon einmal ein Videotutorial angeschaut. Neben Haushalts- und Alltagsthemen sind dabei mit 57 % vor allen Dingen technische Beiträge rund um die Benutzung von Tablets, Laptops und Smartphones sehr beliebt (bitkom 2015, https//www.bitkom.org/Presse/Presseinformation/Mehr-als-jeder-Dritte-schaut-Video-Anleitungen-im-Internet.html). Aber auch die Bedienung von Programmen und das Erlernen einer Programmiersprache stehen hoch im Kurs, was die Relevanz von Tutorials innerhalb der IT zunehmend verdeutlicht.

Ein positiver Faktor dabei ist, dass vom Anfänger bis zum Fortgeschrittenen nahezu jede Zielgruppe angesprochen werden kann. Vom Beheben eines ganz speziellen Problems bis hin zum Einsteiger, der über eine Tutorialserie Schritt für Schritt sein Wissen erweitern möchte, kann fast jedes Bedürfnis bedient werden (Wolf 2015, S. 30 – 36).

Durch diese vielfältigen Einsatzmöglichkeiten, verbunden mit den relativ geringen technischen Anforderungen, gibt es verschiedene Typen von Tutorial-Erstellern. Zum einen bieten Online-Videoportale wie beispielsweise YouTube oder Vimeo sowohl privaten Anbietern als auch professionellen Unternehmen eine hervorragende Plattform, um ihr Wissen in Form von Tutorials an andere Nutzer weiterzugeben. Speziell im Business-Segment sind Tutorials oftmals auch in einem speziell abgegrenzten Kundenbereich nach Kauf eines Produktes als Ergänzung oder gar als Ersatz einer Bedienungsanleitung oder eines Handbuchs verfügbar.

3.2. Einsatzgebiete

Wie bereits in der Einleitung erwähnt, sind dem Einsatz von Tutorials im Alltag keine Grenzen gesetzt. Auch innerhalb der IT sind die Möglichkeiten des Einsatzes von Tutorials sehr vielfältig. Diese Tatsache zeigt sich, wenn man einmal in einem Videoportal wie YouTube herumstöbert. Von Hardwarevergleichen und -bedienungstipps, über die Erlernung von Programmiersprachen bis hin zur Bedienung einzelner Programme ist alles vorhanden. Die Beurteilung, welche Arten von Tutorials sinnvoll bzw. weniger sinnvoll sind, ist dabei schwierig, denn jeder Nutzer hat spezifische Bedürfnisse oder Problemstellungen zu lösen, die mit einem Tutorial meist anschaulich erklärt werden können. In jedem Fall eignen sich Tutorials hervorragend zur Erlernung von Programmiersprachen oder zur Erklärung der Bedienung von Programmen.

3.3. Erstellung von Tutorials

Um Videotutorials zu erstellen, bedarf es nicht unbedingt einer teuren Unterstützung durch Soft- und Hardware. Die reine Anforderung ein Tutorial zu erstellen, kann weitestgehend mithilfe des Einsatzes kostenfreier Tools umgesetzt werden. Grundsätzlich sind für die Erstellung von Tutorials folgende Tools notwendig:

Tool	Erklärung
Screen Capture Software	Eine Screen Capture Software ist eine Art Videorekordersoftware, die die Aktionen auf dem eigenen Bildschirm aufzeichnet. Bei der Auswahl der Software kann je nach Anforderungen und eingesetztem Betriebssystem zwischen unterschiedlichen Preisklassen, von der Freeware bis hin zu professionelleren kostenpflichtigen Produkten, unterschieden werden. Je nach Software bestehen unterschiedliche Möglichkeiten der Videobearbeitung. Gängige Programme sind beispielsweise Movavi Screen Capturer, TechSmith Camtasia, Telestream Screen Flow oder CamStudio (Open Source)
Mikrofon	Zur auditiven Erklärung der im Tutorial demonstrierten Schritte wird ein Mikrofon benötigt. Dies ist insofern nur ein geringes Problem, da in den meisten Laptops bereits intern ein Mikrofon verbaut ist, bzw. ein externes Mikrofon relativ günstig zu kaufen ist.
Webcam	Der Einsatz einer Webcam ist lediglich optional, d.h. wenn man sich dem Zuhörer ebenfalls visuell zeigen möchte. Bezüglich der Kosten und internen Verbauung gilt Gleiches wie beim Mikrofon
Converter	Zum Konvertieren des Videos in ein geeignetes Dateiformat wird in seltenen Fällen ein Converter benötigt. In vielen Fällen kann das Format jedoch bereits in der Screen Capture Software aus-

	gewählt werden.
Videobearbeitungsprogramm	Zur nachträglichen Bearbeitung des aufgezeichneten Tutorials wird unter Umständen ein Videobearbeitungsprogramm benötigt, mit dessen Hilfe Fehler beseitigt werden oder einzelne Videosequenzen zusammengeschnitten werden können. Darüber hinaus können nachträglich noch ergänzende Informationen wie bspw. Text, Folien oder andere Elemente ins Video integriert werden. Bei einigen Screen Capture Softwares sind diese Möglichkeiten auch schon im Funktionsumfang enthalten. Bekannte Videobearbeitungsprogramme sind der kostenlose Windows Movie Maker, Movavi Video Suite oder Magix Video Deluxe.

3.4. Vergleich ausgewählter Screen Capture Software

Je nach Software und Preislage bieten die verschiedenen Programme unterschiedliche Möglichkeiten und Optionen an. Während die Benutzeroberfläche von CamStudio recht sporadisch aufgebaut ist, bieten die kostenpflichtigen Tools Camtasia, ScreenFlow und Screen Capture deutlich umfangreichere Bearbeitungsmöglichkeiten und eine intuitivere Benutzeroberfläche an.

Abb. 1: Benutzeroberfläche CamStudio   Abb. 2: Benutzeroberfläche ScreenFlow

Alle Tools, mit Ausnahme von ScreenFlow (nur MAC), sind sowohl auf Windows-Rechnern als auch auf MACs nutzbar. Die Funktionalität von CamStudio beschränkt sich im Grunde genommen darauf, die Vorgänge auf dem Bildschirm oder einem ausgewählten Bildschirmausschnitt aufzuzeichnen, auf wichtige Inhalte mit einem Pfeil aufmerksam zu machen und einzelne Vorgänge mithilfe eines Textfeldes zu kommentieren. Die Videos können anschließend als AVI- oder SWF-Datei gespeichert werden. Dahingegen weisen die kostenpflichtigen Lösungen eine deutlich höhere Funktionsvielfalt, vor allem im Bereich der Videobearbeitung, auf:

Funktion	Beschreibung
Bild-in-Bild-Funktion	Diese Funktion ermöglicht es, parallel ablaufende Aktionen in zwei Teilbildschirmen darzustellen.
Animationsmöglichkeiten	Texte und andere externe Inhalte können animiert und einfach in das Video integriert werden.
Split Screen	Zusätzlich zum Video kann der Sprecher in einem Split Screen eingeblendet werden.
Maus- und Tastaturanimationen aufzeichnen	In einigen Programmen können ebenfalls die Aktivitäten der Tastatur aufgezeichnet werden um bspw. das Verwenden von Shortcuts zu demonstrieren. Auch eine Hervorhebung oder Animation des Mauszeigers ist möglich.
Voiceover	Mithilfe der Voiceover-Funktion kann das Video nachträglich mit Sound und Erklärungen hinterlegt werden.
Videoformate und Videoauflösung	Es stehen verschiedene Auflösungen und Formate zur Auswahl.
Veröffentlichung	Durch integrierte Schnittstellen können die Videos schnell und einfach auf den gängigen Plattformen veröffentlicht werden.
Handy- und Tabletintegration	In manchen Programmen ist es möglich auch die Bildschirmaktivitäten von Tablets und Handys aufzuzeichnen.

Zusammenfassend ist zu sagen, dass man für die Erstellung von halbwegs professionellen Tutorials schon eine vernünftige Screen Capture Software benötigt. Der Preis dafür ist auch vergleichsweise erschwinglich. Das günstige Tool in dieser Ausführung ist der Screen Capturer (22,95 € - 105,80 € je nach Umfang), gefolgt von ScreenFlow ($99 - $175 je nach Umfang) und Camtasia (185,67 €). Jedes der Tools bietet spezifische Vor- und Nachteile, die von den individuellen Anforderungen an eine Screen Capture Software abhängen.[1]

---

[1] Infos auf den jeweiligen Homepages www.movavi.de, www.telestream.net, www.techsmith.com, www.camstudio.org

3.5. Veröffentlichung von Tutorials

Die Veröffentlichung der Tutorials erfolgt je nach Interessenlage. Zum einen ist es möglich, die Videos auf einer frei zugänglichen Plattform wie beispielsweise YouTube oder Vimeo zu veröffentlichen und einen eigenen YouTube-Channel anzubieten, zum anderen besteht die Möglichkeit, die Videos nur für registrierte Kunden, beispielsweise auf einem speziell abgeschirmten Bereich der Unternehmenshomepage, als Zusatzservice anzubieten.

3.6. Vor- und Nachteile von Tutorials

Der wachsenden Beliebtheit und den vorangegangenen Ausführungen nach zu urteilen, bringen Tutorials zahlreiche Vorteile, aber auch wenige Nachteile mit sich:

Vorteile:

- Schnelle Erfolge: Tutorials zielen darauf ab, beim Nutzer ein schnelles Erfolgserlebnis herbeizuführen. Durch die Interaktivität wird er direkter einbezogen und kann Inhalte direkt selbständig ausprobieren.

- Anschaulichkeit: Durch die gleichzeitige Demonstration der Bedienung, verbunden mit auditiven Erklärungen, werden zwei Sinneskanäle gleichzeitig angesprochen, wodurch der Benutzer einfach folgen kann.

- Motivation: Für einen Nutzer ist es sicherlich motivierender, sich ein Video anzuschauen, als ein Handbuch zu lesen

- Sprache: Auch komplizierte Sachverhalte können in Verbindung mit der visuellen Demonstration häufig einfacher erklärt werden, als beispielsweise in einem Text verbunden mit Screenshots.

- Große Community: Durch die zahlreichen Angebote von Tutorials lassen sich zu zahlreichen Problemstellungen Tutorials finden, oftmals auch von unterschiedlichen Anbietern zum gleichen Thema, so dass der Nutzer eine Auswahl hat, welches Tutorial ihm am besten gefällt. Zudem findet innerhalb von Communities oder einer Kommentarfunktion ein reger Austausch statt, sodass Themen über das Tutorial hinaus weiter diskutiert werden, oder Vorschläge zu neuen Themen gemacht werden können.

- Value-Added-Service: Gerade im Business-Bereich nutzen einige Unternehmen die Möglichkeit, ihre Handbücher durch anschauliche Videos zu ergänzen und sich dadurch im Punkt Kunden- und Benutzerfreundlichkeit gegenüber Konkurrenten abzusetzen.

- Einfache Benutzbarkeit/Interaktivität: Ein Video ist intuitiv zu bedienen und kann einfach pausiert werden, bzw. es können einzelne Passagen einfach noch einmal angeschaut werden. Zudem wird der Benutzer zum Mitmachen bzw. ausprobieren des Erlernten animiert, wodurch der Lerneffekt extrem hoch ist.

- Ständige Verfügbarkeit: Im Zeitalter der zunehmenden digitalen Vernetzung und einer damit einhergehenden ständigen Verfügbarkeit des Internets, sind Videotutorials fast immer zugänglich.

Nachteile:

- Umfang: Auch wenn ein Tutorial einzelne Probleme oder Fragestellungen beleuchtet, kann es in den allermeisten Fällen eine umfangreiche schriftliche Dokumentation nicht vollständig ersetzen, sondern diese lediglich ergänzen.

- Themenvielfalt: Mit dem genannten Nachteil des Umfanges geht automatisch einher, dass zu dem gesuchten Thema auch ein Tutorial verfügbar ist. Dieser Nachteil kann jedoch über Communities (siehe Vorteile) kompensiert werden.

- Zugänglichkeit: Innerhalb ganz spezieller Themen besteht die Möglichkeit, dass keine frei zugänglichen Tutorials verfügbar sind, sondern diese nur in einem speziellen Kundenbereich veröffentlicht werden.

4. Fazit

Tutorials erfreuen sich nicht nur bei alltäglichen Problemen, sondern auch innerhalb der IT steigender Beliebtheit. Diese Tatsache resultiert vor allen Dingen daraus, dass Hard- und Softwarekomponenten zunehmend komplexer und durch immer kürzere Lebenszyklen schnelllebiger werden. Das hat zur Folge, dass sich Anwender in immer kleiner werdenden Abständen neuen technischen Anforderungen stellen müssen. So ist es durchaus möglich, dass am Arbeitsplatz neue Softwareprozesse implementiert, einschneidende Softwareupdates durchgeführt oder gar komplett neue Programme eingesetzt werden.

Auch wenn die Mitarbeiter im letztgenannten Fall höchstwahrscheinlich eine umfassende Schulung erhalten werden, können Tutorials in jedem der genannten Beispiele, und natürlich auch darüber hinaus, unterstützend als Hilfe für die Anwender eingesetzt werden. Tutorials haben den Vorteil, dass schnell und zielgerichtet nach einer bestimmten Problemstellung gesucht werden, und die Lösung anhand eines Erklärvideos für den Benutzer meist anschaulicher und attraktiver dargestellt werden kann, als dies in Textform der Fall wäre. Zudem scheuen sich viele Benutzer davor, sich in eine komplexe Thematik einzulesen bzw. häufig sind Wikis oder Onlinehilfen deutlich weniger aussagekräftig, weshalb ein Tutorial von Anwendern oftmals bevorzugt wird, um bestimmte Funktionen oder Vorgehensweisen zu erlernen.

Ein weiterer großer Vorteil, ist die gute Skalierbarkeit bzw. die Tatsache, dass Tutorials von unterschiedlichen Quellen erstellt werden können. So ist der Einsatz nicht ausschließlich auf kurze Anleitungen beschränkt, sondern es besteht durchaus die Möglichkeit, auch komplexe Anleitungen und Vorgehensweisen anschaulich und für den Zuschauer attraktiv zu gestalten. Ebenso können Tutorials auf der einen Seite gezielt durch das anbietende Unternehmen als Zusatznutzen (Value Added Service) für den Benutzer zur Verfügung gestellt werden, andererseits besteht darüber hinaus auch die Möglichkeit, dass Privatpersonen wie Blogger oder „Hobbytüftler" ihr Spezialwissen in Form von Tutorials öffentlich machen und der Allgemeinheit zur Verfügung stellen.

Aufgrund der genannten Vorteile und der gegebenen technischen Möglichkeiten ist meiner Meinung nach stark davon auszugehen, dass Tutorials in Zukunft auch weiterhin zunehmend an Bedeutung gewinnen werden. Wahrscheinlich werden sie ein umfassendes Handbuch niemals komplett ersetzen können, aber als ergänzender Service für den Benutzer werden Tutorials in Zukunft noch stärker zu einem Werkzeug, das zur Kundenbindung und –zufriedenheit und damit letzten Endes zu einem wichtigen Kriterium hinsichtlich des Erfolges eines Produktes oder einer Software beiträgt.

II. Literaturverzeichnis

- bitkom (2015): Mehr als jeder Dritte schaut Video-Anleitungen im Internet. (URL: https://www.bitkom.org/Presse/Presseinformation/Mehr-als-jeder-Dritte-schaut-Video-Anleitungen-im-Internet.html [letzter Zugriff: 04.06.2017])

- BusinessDictionary (o. J.): BusinessDictionary. Stichwort: Tutorial. (URL: http://www.businessdictionary.com/definition/tutorial.html [letzter Zugriff: 04.06.2017])

- Springer Gabler Verlag (o. J.): Gabler Wirtschaftslexikon. Stichwort: Dokumentation. (URL: http://wirtschaftslexikon.gabler.de/Archiv/75180/dokumentation-v9.html [letzter Zugriff: 04.06.2017])

- Springer Gabler Verlag (o. J.): Gabler Wirtschaftslexikon. Stichwort: Onlinedokumentation. (URL: http://wirtschaftslexikon.gabler.de/Archiv/75944/onlinedokumentation-v11.html [letzter Zugriff: 04.06.2017])

- Springer Gabler Verlag (o. J.): Gabler Wirtschaftslexikon. Stichwort: Tutorial. (URL: http://wirtschaftslexikon.gabler.de/Archiv/77336/tutorial-v8.html [letzter Zugriff: 04.06.2017])

- Techterms (o. J.): Techterms. Stichwort: Tutorial. (URL: https://techterms.com/definition/tutorial [letzter Zugriff: 04.06.2017])

- Wermke, M./Kunkel-Razum, K./Scholze-Stubenrecht, W. (2006): Duden – Die deutsche Rechtschreibung. 24. Auflage, Dudenverlag, Mannheim, Leipzig, Wien, Zürich

- Wolf, K. (2015): Bildungspotentiale von Erklärvideos und Tutorials auf YouTube. Audio-Visuelle Enzyklopädie, adressatengerechtes Bildungsfernsehen, Lehr-Lern-Strategie oder partizipative Peer Education?. In: merz, 59. Jg., Heft 1, S. 30 - 36